8,50

De la A a la Z con Darwin y las ciencias

Rafael Cruz-Contarini

Ilustrado por Rafael Salmerón

A DE **AÑO-LUZ**

EN EL INMENSO UNIVERSO
RESPLANDECEN LAS ESTRELLAS.

EL AÑO-LUZ NOS PERMITE
IMAGINAR LAS DISTANCIAS
QUE PUEDE HABER ENTRE ELLAS.

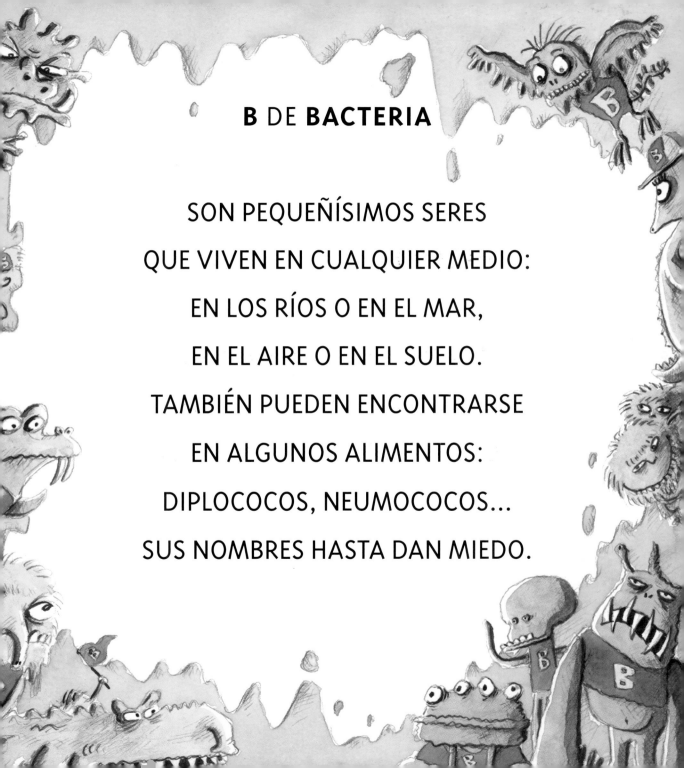

B DE **BACTERIA**

SON PEQUEÑÍSIMOS SERES

QUE VIVEN EN CUALQUIER MEDIO:

EN LOS RÍOS O EN EL MAR,

EN EL AIRE O EN EL SUELO.

TAMBIÉN PUEDEN ENCONTRARSE

EN ALGUNOS ALIMENTOS:

DIPLOCOCOS, NEUMOCOCOS...

SUS NOMBRES HASTA DAN MIEDO.

C DE **COSMOS**

EN LA NOCHE BRILLAN

MILLONES DE ESTRELLAS

BAJO UNA GRAN CÚPULA

OSCURA E INMENSA.

LA TIERRA ES UN GRANO

EN EL FIRMAMENTO

QUE GIRA Y NAVEGA

POR EL UNIVERSO.

UN REY POR EL DÍA
NOS LLENA DE LUZ
BAJO UN CIELO ENORME,
GRANDIOSO Y AZUL.

D DE **DARWIN**

VIAJÓ POR TODO EL MUNDO,
NAVEGÓ POR OCÉANOS,
Y AQUELLO QUE ESTUDIÓ
EN PLANTAS Y ANIMALES
LO ANOTÓ EN SUS CUADERNOS.

OBSERVÓ A LAS ESPECIES
DE PÁJAROS E INSECTOS.
Y CON MUCHA INTUICIÓN
PENSÓ EN LA ADAPTACIÓN
DE LOS SERES AL MEDIO.

E DE **EVOLUCIÓN**

LAS ESPECIES CAMBIAN
EN MILLONES DE AÑOS.
TODOS SOMOS HIJOS
DE UN ANTEPASADO.
MUCHO, MUCHO TIEMPO
TIENE QUE PASAR
PARA QUE UN INSECTO,
UN PEZ O UN ANFIBIO
SEA OTRO ANIMAL.

PERO TODO CAMBIA:

EL SOL Y LOS RÍOS,

EL MAR, LAS MONTAÑAS,

LA MODA, EL LENGUAJE,

LA CIENCIA, LA DANZA…

NADA SIGUE IGUAL

PORQUE TODO AVANZA.

F DE **FÓSIL**

LA HUELLA EN LA PIEDRA
DE ALGÚN DINOSAURIO
HA PISADO EL TIEMPO
Y LO HA PARADO.

LOS HELECHOS DUERMEN
YA PETRIFICADOS,
Y UN MOSQUITO ESPERA,
INMÓVIL E INTACTO,
DENTRO DE UNA GOTA
QUE LO HA ATRAPADO.

LAS ROCAS ESCONDEN
MILLONES DE AÑOS.

G DE **GALÁPAGOS**

ISLAS ENCANTADAS
POR VIEJOS PIRATAS.
ISLAS CONOCIDAS
POR SU RICA FAUNA:

LAGARTOS GIGANTES,
AVES Y MEDUSAS,

LEONES MARINOS,

FLAMENCOS Y GRULLAS,

PECES Y PINGÜINOS,

PINZONES Y ORUGAS.

DARWIN PASÓ UNAS SEMANAS
OBSERVANDO A LAS TORTUGAS.

H DE **HERENCIA**

SE HEREDAN DE NUESTROS PADRES
LA SONRISA Y EL CARIÑO,
LA FORMA DE NUESTROS OJOS
Y TAMBIÉN LOS APELLIDOS.

HEREDAMOS LOS RECUERDOS
Y LA FORMA DE REÍRNOS,
Y EL COLOR DE NUESTRA PIEL,
Y A VECES HASTA ALGÚN PISO.

I DE **INVESTIGACIÓN**

EL CIENTÍFICO OBSERVA
Y DESPUÉS PIENSA.
UN PROBLEMA HA SURGIDO
DE SU EXPERIENCIA.

UNA IDEA HA LANZADO,
UNA RESPUESTA.
ANALIZA LOS DATOS,
LOS INTERPRETA
Y DESPUÉS LOS COMPRENDE
Y GRITA: ¡EUREKA!

J DE **JURÁSICO**

LA TIERRA ERA ENTONCES
UN LUGAR DISTINTO.
EUROPA O AMÉRICA
NI HABÍAN NACIDO.

JURÁSICO TRAS EL TRIÁSICO.
CRETÁCICO TRAS EL JURÁSICO.

GRANDES DINOSAURIOS
DOMINAN LA TIERRA:
REPTILES TERRESTRES,
REPTILES MARINOS,
REPTILES QUE VUELAN.

JURÁSICO TRAS EL TRIÁSICO.
CRETÁCICO TRAS EL JURÁSICO.

LA TIERRA ERA OTRA,
NINGÚN PARECIDO:
EL CLIMA MUY CÁLIDO
Y OTROS SERES VIVOS.

K DE **KEPLER**

LA TIERRA GIRA
SIN PREOCUPARSE
DE SI HOY ES LUNES
O TAL VEZ MARTES.

GIRA TRANQUILA,
GIRA AL COMPÁS.
SU MOVIMIENTO
SIEMPRE ES IGUAL

DESDE SU CENTRO
LA MIRA EL SOL.
VA DANDO VUELTAS
ALREDEDOR.

L DE LEUCOCITOS

HAY UN EJÉRCITO
QUE NOS DEFIENDE
CONTRA BACTERIAS,
VIRUS Y GÉRMENES.

ESTÁ EN LA SANGRE,
Y SUS SOLDADOS
SON ATACANTES
DE TRAJES BLANCOS.

SON SUPERHÉROES
Y AL ENEMIGO
LO NEUTRALIZAN
LOS LINFOCITOS.

M DE **MICROSCOPIO**

CUALQUIER COSA QUE MIRES
A TRAVÉS DE SUS LENTES,
PODRÁS VERLA AUMENTADA
HASTA MILES DE VECES:

EL ALA DE UNA MOSCA,
UNA BRIZNA DE CÉSPED,
UN GRANITO DE ARENA,
UNA GOTA DE LECHE...

¿QUÉ VEREMOS ENTONCES?
¡QUÉ EXTRAÑO NOS PARECE!
ENCONTRAMOS UN MUNDO
QUE ESTÁ DENTRO DE ÉSTE.

N DE **NEWTON**

HIZO ALGO COLOSAL:

EXPLICÓ CÓMO LOS CUERPOS

SIEMPRE SE ATRAEN ENTRE ELLOS

POR UNA LEY UNIVERSAL.

¡LO ENTIENDO!, DIJO ISAAC

CUANDO CAYÓ LA MANZANA.

ALGO HIZO QUE BAJARA:

LA FUERZA DE GRAVEDAD.

O DE **ORIGEN (DE LA VIDA)**

HACE MUCHO, MUCHO TIEMPO,
HACE MILLONES DE AÑOS
LA TIERRA ERA MUY JOVEN
Y AÚN SE ESTABA FORMANDO.

NO EXISTÍAN NI LOS BOSQUES,
NI LOS PECES NI LOS PÁJAROS.
NINGÚN SER VIVO EXISTÍA
PORQUE EL OXÍGENO ERA ESCASO.

HASTA QUE SURGIÓ LA VIDA
SIN SABER CÓMO NI CUÁNDO
EN UN PEQUEÑO ORGANISMO:
TAL VEZ NUESTRO ANTEPASADO.

UN SER VIVO QUE HA CRECIDO
Y QUE SE HA MULTIPLICADO,
Y QUE SE HA ADAPTADO AL MEDIO,
Y QUE HA EVOLUCIONADO.

P DE **PALEONTOLOGÍA**

¿QUÉ EDAD TIENE LA TIERRA?
¿CÓMO SABERLO?
¿QUÉ OCURRIÓ EN LA PREHISTORIA?
¿QUIÉNES VIVIERON?

SABER LA EDAD DEL PLANETA
ES ALGO EN SI MUY COMPLEJO.
LA TIERRA TIENE RELOJES
QUE LOS HA OCULTADO EL TIEMPO.

SEGÚN EL FÓSIL QUE ENCUENTRES
Y DÓNDE ESTÉ EL YACIMIENTO,
SE PODRÁ SABER LA ERA
EN QUE ESTOS SERES VIVIERON.

Q DE **QUÍMICA**

ARDEN LOS FOGONES,

HIERVEN LAS CAZUELAS,

LA CARNE SE FRÍE

Y EL VINO SE MEZCLA.

LA SAL EN LA OLLA

Y EL PAN EN LA MESA.

SE ALIÑA EL TOMATE

Y SE ECHA PIMIENTA.

SE CALIENTA EL AGUA

Y EL POSTRE SE HIELA.

SE EVAPORA EL CALDO

Y EL VAHO SE CONDENSA.

R DE **RADIACIONES**

LAS ONDAS DEL UNIVERSO
CIRCULAN POR EL PLANETA:
RAYOS GAMMA, RAYOS CÓSMICOS,
RAYOS ALFA, RAYOS BETA...

LA TIERRA TIENE UN PARAGUAS
QUE PROTEGE SU CABEZA.
UN PARARRAYOS QUE PARA
LOS RAYOS ULTRAVIOLETA.

S DE **SELECCIÓN NATURAL**

NADIE SABE QUÉ PASÓ.

POR QUÉ DESAPARECIERON.

POR QUÉ ESPECIES QUE EXISTIERON

LLEGARON A LA EXTINCIÓN.

¿EL CLIMA TANTO CAMBIÓ?

¿SUS HÁBITATS SE PERDIERON?

¿OTRAS ESPECIES SURGIERON?

¿O HUBO UNA GLACIACIÓN?

LA NATURALEZA ES SABIA.
LOS SERES EVOLUCIONAN,
Y ELLA SIEMPRE SELECCIONA
A QUIENES MEJOR SE ADAPTAN.

T DE **TIERRA**

EN ALGÚN LUGAR
DE ESTE UNIVERSO,
UN BELLO PLANETA
SIGUE LATIENDO.

MIL PAISAJES TIENE.
¡Y TODOS TAN BELLOS!
MONTAÑAS Y VALLES,
RÍAS Y DESIERTOS,
SIERRAS Y CAMPIÑAS,
GLACIARES Y OCÉANOS.

LA TIERRA, MI CASA,
DONDE ESTÁN MIS SUEÑOS.

U DE **UNIVERSO**

EL UNIVERSO GIRA,
SE TRANSFORMA Y CAMBIA,
Y EL HOMBRE SE PREGUNTA
MIENTRAS SUEÑA E INDAGA:

¿HABRÁ SERES QUE VIVAN
EN OTRAS GALAXIAS?

¿VIAJAREMOS ALGÚN DÍA
A ESTRELLAS LEJANAS?

EL HOMBRE SE PREGUNTA
MIENTRAS LA CIENCIA AVANZA.

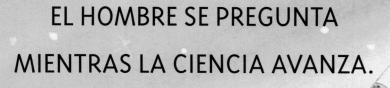

V DE **VACUNA**

LUCHAR CONTRA LOS MICROBIOS.

ATACAR AL SARAMPIÓN.

DEFENDERSE DE LOS VIRUS.

RESISTIR UNA INFECCIÓN.

LA VACUNA NOS PROTEGE

Y NOS DA TRANQUILIDAD.

NOS PREVIENE DE CONTAGIOS

O DE ALGUNA ENFERMEDAD.

W DE **WALLACE**

CONTEMPORÁNEO DE DARWIN,
FUE TAMBIÉN NATURALISTA,
CIENTÍFICO Y EXPLORADOR,
BIÓLOGO Y EVOLUCIONISTA.

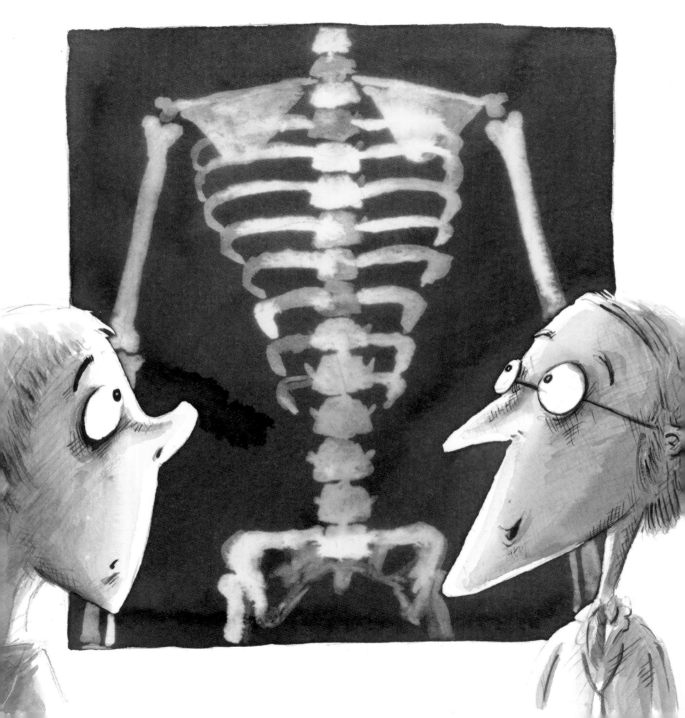

X DE **RAYOS X**

HOSPITAL. TERCERA PLANTA.
SECCIÓN DE RADIOLOGÍA.
DESNUDO TRAS LA PANTALLA
ME HACEN LA RADIOGRAFÍA.

UNA FOTO DE MI ESPALDA
DONDE VEO TODOS MIS HUESOS.
UNA FOTO HECHA CON RAYOS
QUE PENETRAN EN MI CUERPO.

¡QUÉ SENSACIÓN TAN EXTRAÑA!
ME VEO DESNUDO POR DENTRO.
ME VISTO Y BAJO A LA CALLE.
TODO ESTÁ BIEN, DIJO EL MÉDICO.

Y DE **YANG (CHEN NING)**

HAY CIENTÍFICOS MUY SABIOS
QUE ESTUDIARON LA MATERIA,
LAS LEYES DEL UNIVERSO
Y LA HISTORIA DE LA TIERRA.

A YANG LE DIERON EL NOBEL
POR SABER MUCHO DE CIENCIA.

Z DE **ZOOLOGÍA**

DARWIN VIAJÓ Y NAVEGÓ
POR CONTINENTES Y MARES,
Y EN AMÉRICA DEL SUR
OBSERVÓ A LOS ANIMALES.
ÉL SUPO VER DIFERENCIAS
ENTRE ESPECIES SEMEJANTES:
COMO LA FORMA DEL PICO
O EL PLUMAJE DE LAS AVES
QUE BUSCABAN ALIMENTO
Y CANTABAN EN LOS ÁRBOLES.